L'ASSISTANCE OBLIGATOIRE

AUX VIEILLARDS

Discours de M. Henri Monod au Sénat,

le 6 juillet 1905

(Extrait de la Revue Philanthropique, n° du 10 Août 1905)

PARIS

MASSON ET Cⁱᵉ, ÉDITEURS

LIBRAIRES DE L'ACADÉMIE DE MÉDECINE

120, BOULEVARD SAINT-GERMAIN (6ᵉ)

1905

L'ASSISTANCE OBLIGATOIRE

AUX VIEILLARDS

DISCOURS DE M. HENRI MONOD [1]

M. Henri Monod, *commissaire du gouvernement.* — Messieurs, il ne serait pas surprenant que malgré la discussion approfondie qui a eu lieu lors de la première délibération, malgré les explications excellentes portées à cette tribune, un peu d'incertitude subsistât dans certaines parties de la loi. Une loi d'assistance est toujours compliquée, à cause des précautions multiples qu'il est nécessaire de prendre pour que le but qu'elle se propose n'ait pas sur un autre point une répercussion nuisible. Je voudrais dissiper en quelques mots ces incertitudes, et je m'excuse d'avance de l'aridité de certains chiffres que je devrai placer sous les yeux du Sénat : s'ils sont arides, je m'efforcerai qu'ils soient clairs.

Toute loi d'assistance, et principalement une loi d'assistance obligatoire, doit se garder de deux périls : ne pas faire assez ; faire trop. Dès qu'on veut échapper à l'un, l'on s'expose à l'autre. Or, les deux périls sont graves. Si l'on ne fait pas assez, l'on manque le but essentiel de la loi, l'on n'accomplit pas le devoir dont on a reconnu le caractère impérieux. Si l'on fait trop, l'on porte atteinte à des intérêts dont le respect est également obligatoire, je veux dire les intérêts des contribuables, auxquels la société n'est en droit d'imposer des sacrifices en faveur de leurs frères malheureux que dans la mesure où ces sacrifices sont nécessaires pour que le devoir social soit rempli.

Un homme que j'ai entendu qualifier d'utopiste, qui avait

peut-être en effet une conception un peu chimérique de ce qui,
en matière d'assistance, pouvait être réalisé de son temps, mais
qui n'en était pas moins un grand citoyen, et qui a formulé plusieurs des principes sur lesquels notre assistance moderne est
fondée, La Rochefoucault-Liancourt, a écrit à ce sujet quelques
lignes qui méritent d'être placées sous les yeux du Sénat et qui
ne seront pas inutiles à notre discussion : « L'assistance, dit-il,
est un devoir. Mais ce devoir ne peut être rempli que lorsque
les secours accordés par la société sont dirigés vers l'utilité géné-
rale... Tout ce qui n'est pas nécessaire est interdit à une nation
qui, dans la distribution des secours, ne doit opérer qu'un acte de
justice. Insuffisance de secours, c'est cruauté, barbarie, man-
quement essentiel aux devoirs les plus sacrés. Assistance super-
flue, c'est destruction des mœurs, de l'amour du travail ; c'est
désordre ; c'est injustice enfin, puisque c'est emploi des fonds
publics par delà l'exacte nécessité ». Dans un autre rapport,
il disait encore : « L'assistance donnée par l'Etat doit se borner
aux vrais besoins. N'oublions pas que toute extension qui lui
serait donnée au delà de la nécessité est à la fois une sorte d'encouragement à la paresse et à l'imprévoyance, et une injustice
à la société ».

A la lumière de ces principes, examinons brièvement le texte
qui vous est soumis, et recherchons s'il a su éviter l'un et l'autre
danger, l'insuffisance et l'excès.

Vous avez, messieurs, en adoptant à l'unanimité l'article premier de la proposition de loi — vote magnifique qui a fait écho
à celui par lequel, à la quasi-unanimité aussi, la Chambre des
députés a voté le projet que vous examinez — vous avez ex-
primé votre volonté que le vieillard, l'infirme, l'incurable sans
ressources ne fût pas laissé sans secours.

Aux termes de cet article premier, c'est la situation du malheureux qui crée l'obligation de ce secours. Lorsque ces quatre
conditions sont réunies : nationalité française, — vieillesse, in-
firmité ou incurabilité, — incapacité de travail, — insuffisance
de ressources, le secours est dû. Les crédits votés par les trois
collectivités débitrices du secours : communes, départements,
Etat, sont des crédits de prévision, la dépense devant être en fin

de compte pour chacune d'elles ce que la fera l'exécution pure et simple de la loi. Si donc votre commission, pour ménager une période de transition, a inscrit dans le projet un article 32 bis, aux termes duquel la participation de l'Etat — celle de l'Etat seulement — sera limitée aux crédits votés, il est bien entendu que cette disposition ne peut avoir d'effet que pour cette période de transition, car l'obligation que vous avez voulue disparaîtrait, entraînant avec elle et l'article premier, et les garanties données aux bénéficiaires éventuels de l'assistance en cas de refus injustifié de cette assistance, et la portée même de la loi, si d'une manière permanente l'exécution de ladite loi était subordonnée aux crédits votés alors que cette exécution ne doit dépendre que des besoins constatés.

Le principe du secours obligatoire étant ainsi admis pour chacune des trois collectivités qui doivent y contribuer, quelles sont les précautions qui ont été prises pour que, dans l'allocation de ce secours, il n'y ait ni insuffisance, ni excès ?

Voici comment on procédera. En dehors de toute préoccupation personnelle, avant qu'aucun bénéficiaire de l'assistance soit désigné, avant même qu'aucune demande ne soit faite, le coût minimum d'existence sera arrêté pour chaque commune; le coût *minimum*, puisque nous ne pouvons pas faire appel aux fonds publics au delà de l'exacte nécessité. Cette exacte nécessité se trouvera chiffrée lorsque l'on aura établi quelle est la somme avec laquelle, dans telle commune, un citoyen qui n'a aucune ressource quelconque peut vivre, c'est-à-dire se nourrir, se vêtir, se loger. Plus tard, quand la somme aura été théoriquement fixée, on prendra les décisions individuelles, en déduisant de cette somme les ressources que les assistés seront reconnus posséder. Mais il est bien compris que la fixation de cette pension communale théorique sera faite en vue du dénuement absolu.

Pour qu'il n'y ait ni insuffisance, ni excès, la loi a enfermé ce coût minimum d'existence entre deux limites : le taux de la pension ne dépassera pas 20 francs par mois, ou, dans des circonstances et avec des précautions exceptionnelles, 30 francs; il ne descendra pas au-dessous de 8 francs par mois. Il paraît qu'il y a en France des communes où avec 8 francs par mois, avec 27 centimes par jour, un être humain, qui n'a absolument aucune autre ressource, peut se loger, se vêtir et se nourrir. Le Sénat a pensé, à très juste titre, me semble-t-il, qu'abaisser encore ce chiffre, ramener à 17 centimes par jour le taux le plus bas, qui sera vraisemblablement celui qu'adopteront un très grand nombre, peut-être la grande majorité des communes, ce serait, pour éviter le péril de l'excès, tomber dans le péril de l'insuffisance et en réalité aboutir à ne pas accomplir le devoir social affirmé par l'article premier de la loi (1).

Quelles sont les autres précautions prises par celle-ci soit contre l'insuffisance, soit contre l'excès des secours ?

C'est l'appel devant les commissions cantonale, départementale ou centrale ; ce sont surtout les déductions prévues par l'article 20.

Voici une commune où la somme représentant le coût minimum d'existence est de 96 francs (8 fr. par mois). Un vieillard de soixante-dix ans n'a pas de ressources suffisantes pour vivre. Il n'existe pas dans la commune de bureau de bienfaisance qui puisse lui venir en aide. Il est donc actuellement obligé d'avoir recours à la mendicité, et c'est à de telles situations que la loi en discussion se propose de remédier. Ce n'est pas que tout manque à notre vieillard. Il a une bicoque. Il a 20 à 25 francs par an. En lui appliquant la loi nouvelle, on ne va pas lui donner 96 francs, car pourquoi les contribuables seraient-ils forcés de lui donner au delà de la nécessité ? Le bureau d'assistance évaluera donc le loyer de la bicoque, 5 francs par an, j'imagine. On l'ajoutera à son avoir, ce qui donnera 30 francs. On déduira ces 30 francs de la pension théorique. C'est en conséquence une allocation de 66 francs par an qui lui sera faite et qui se répartira, suivant les barèmes, entre la commune, le département et l'Etat.

Il est cependant deux cas où des intérêts sociaux importants

(1) J'ai prononcé ces paroles en présence et avec l'assentiment de M. le ministre de l'Intérieur. Plus tard, dans la même séance, un sénateur proposa le rétablissement du taux minimum de 5 francs par mois (17 centimes par jour). Sa proposition fut appuyée par le commissaire du gouvernement pour le ministère des Finances, et adoptée par le Sénat. — H. M.

— 5 —

peuvent déterminer le législateur à apporter un tempérament à
la stricte exécution de cette règle de la nécessité. Ces intérêts
sociaux sont : l'un, de faire au prévoyant une situation supérieure à celle de l'assisté ; l'autre, d'assurer un effet utile aux
libéralités de la bienfaisance privée.

Pendant longtemps, messieurs, le projet d'organisation des
secours aux vieillards s'est heurté à cette objection : vous allez
enlever toute raison d'être à la prévoyance. Sans doute, sous
cette forme absolue, l'objection était excessive. Nous avions lieu
d'être un peu rassurés par ce qui s'était passé à la suite de l'exécution de la loi du 15 juillet 1893 sur l'assistance médicale gratuite. L'objection des mutualistes semblait alors beaucoup plus
forte, les sociétés de secours mutuels ne donnant pas toutes des
pensions de retraite, tandis que leur but principal ce sont les
secours en cas de maladie. Aussi un économiste des plus auto-
risés écrivait-il nettement en 1895 : « La loi récente qui a ins-
titué l'assistance médicale gratuite dans les campagnes détruira
la plupart des sociétés de secours mutuels (1). »

M. Victor Lourties. — C'est une opinion personnelle.

M. le commissaire du gouvernement. — Heureusement ce pro-
nostic n'a pas été confirmé par les faits ; jamais les sociétés de
secours mutuels n'ont pris un plus magnifique développement
qu'au cours des dernières années.

M. Victor Lourties. — Grâce à la loi de 1898.

M. le commissaire du gouvernement. — Assurément. Et voici
les chiffres : au 31 décembre 1895, on comptait 10.588 sociétés et 1.354.439 membres participants. Au 31 décembre 1904,
le nombre des sociétés s'était élevé à 17.800 ; le nombre des
membres participants à 2.950.000, et, depuis le 1er janvier de la
présente année, il y a 350.000 membres participants nouveaux.
Il est permis d'espérer que le mouvement mutualiste ne sera
pas plus entravé par la loi instituant des secours aux vieillards
qu'il ne l'a été par la loi organisant des secours aux malades.

Néanmoins l'objection avait sa gravité. Elle frappait beaucoup
d'esprits. Elle paralysait certaines impulsions généreuses. Elle

(1) Paul Leroy-Beaulieu, *Economiste français*, 3 août 1895.

était due elle-même aux préoccupations les plus généreuses, les plus légitimes. Il fallait chercher ce qu'il y avait en elle de fondé, et dans ces limites, donner satisfaction à ceux qui la formulaient.

Eux-mêmes n'en envisageaient pas en face les conséquences dernières. Car, enfin, dire : Il ne faut pas organiser les secours aux vieillards malheureux pour ne pas décourager la prévoyance, c'est dire : Pour encourager à la prévoyance ceux qui sont actuellement en pleine force et activité, il faut laisser mourir de faim ou réduire à la mendicité ceux qui n'ont pas su ou qui n'ont pas pu épargner.

Ce n'est certainement pas cela que l'on voulait.

Dans un pays où la loi contraint le père à venir en aide à son fils dans le besoin, quels qu'aient été les torts de ce fils, la patrie ne peut pas refuser à ses enfants, eussent-ils été imprévoyants ou même dissipateurs, les aliments nécessaires à leur existence quand ils sont dans l'impossibilité physique de se procurer ces aliments par leur propre effort. D'ailleurs, l'épargne a-t-elle été possible à tous les travailleurs ? N'y a-t-il pas eu les maladies ? N'y a-t-il pas eu les chômages ? Et l'infirme ? Et l'incurable ? Ont-ils pu épargner ?

Mais à quoi bon ces recherches ? L'incurable, l'infirme, le vieillard est là sans pain, sans vêtements, sans abri ; voulez-vous le laisser sans secours ?

Votre vote, messieurs, sur l'article premier a été votre réponse. Non, vous ne le voulez pas.

Que faire alors ? Il fallait trouver un système tel, non pas que l'imprévoyant fût sacrifié, mais que le prévoyant fût avantagé ; que, si peu que le prévoyant eût pu épargner, lors même qu'il n'eût pas épargné assez pour échapper à la nécessité d'avoir recours à l'assistance, sa situation fût cependant toujours supérieure à la situation de celui qui est simplement assisté, un système tel que le fonctionnement de la loi des secours aux vieillards, au lieu d'être, comme on le craignait, un obstacle à la prévoyance, devînt une prime à la prévoyance. On fait donc fléchir ici la règle de la limitation rigoureuse au coût minimum de l'existence, et l'on décide que, tandis que les ressources propres de l'assisté qui lui viennent d'héritage, par exemple, seront déduites du taux de l'allocation afférente à sa commune, celles qu'il aurait acquises au moyen de l'épargne ne seront déduites que jusqu'à concurrence de moitié.

Dans un sentiment très généreux, la Chambre des députés et le Sénat ont ajouté que jusqu'à 60 francs aucune déduction ne sera opérée sur la pension due à l'épargne, ce qui fait au prévoyant une situation tout à fait privilégiée. Voyez en effet. J'envisage, comme tout à l'heure, une commune où le coût minimum de l'existence a été fixé à 96 francs. Le simple assisté qui possédera 80 francs de rente en biens propres qu'il tiendrait, je suppose, de ses parents touchera de l'assistance (96 — 80) 16 francs. Mais, à côté de lui, voici un vieillard qui a également 80 francs par an ; il les a acquis, lui, par son épargne ; c'est un mutualiste qui, sou à sou, a amassé cette retraite. Celui-là recevra de l'assistance la pension de 96 francs moins (80 — 60 : 2) 10 francs, soit 86 francs. Il aura donc (80 + 86) 166 francs là où le simple assisté n'aura que les 96 francs indispensables. Ce ne sera sans doute pas un Crésus, mais sa situation sera très sensiblement supérieure à celle du simple assisté.

Par crainte de ne pas donner assez au prévoyant, n'a-t-on pas, en ajoutant au texte primitif cette bonification intangible de 60 francs, donné sur l'autre écueil ? N'est-on pas, pour éviter l'insuffisance, tombé dans l'excès ? L'avenir le dira.

M. Victor Lourties. — Vous n'aurez pas à le regretter, allez !

M. le commissaire du gouvernement. — Je chiffrerai seulement, pour l'édification du Sénat, une des conséquences du vote qu'il a émis. Dans cette commune où le coût de la vie aura été évalué au minimum à 8 francs par mois, 96 francs par an, c'est-à-dire, je pense, dans la majorité des communes de France, un prévoyant, d'après le texte primitif, n'aurait plus eu rien à réclamer de l'assistance lorsque sa pension de retraite aurait atteint 192 francs ; d'après le texte présenté par la commission en conformité du vote du Sénat, un prévoyant, qui aurait 212 francs de retraite dans cette commune où l'on peut vivre avec 96 francs, sera encore en droit de réclamer aux contribuables 20 francs, qui devront lui être payés, suivant les règles des barèmes, par la commune, le département et l'Etat.

Il fallait cependant une limite maxima; autrement de nombreux cas se seraient présentés, surtout dans les grandes villes, où l'abus eût été criant. La commission sénatoriale l'a compris et, dans son nouveau texte, elle propose que la somme que représenteront la pension de retraite et l'allocation d'assistance ne puisse pas dépasser 480 francs. Quand quelqu'un a 500 francs de rentes (1), sans doute il n'est pas bien riche, mais enfin il n'est pas dans une misère telle que les fonds publics soient dans l'obligation de lui venir en aide. Le gouvernement ne peut qu'approuver cette disposition nouvelle.

Voilà ce qui a été fait en faveur des prévoyants.

Le gouvernement eût désiré qu'on pût faire quelque chose d'analogue en faveur des œuvres de la bienfaisance privée, de telle sorte qu'en venant en aide à un vieillard elles fussent assurées de produire un effet charitable utile, d'améliorer la situation du malheureux qu'elles désirent secourir. Sur la proposition du gouvernement, la Chambre des députés avait admis cette idée; et conformément au texte voté par la Chambre, votre commission vous proposait, lors de votre première délibération, de décider que les ressources provenant d'œuvres de la bienfaisance privée amélioreraient en effet, pour un quart, avait-elle dit d'abord, pour moitié, avait-elle consenti ensuite, la situation de l'assisté. Par la raison principale que les œuvres de bienfaisance privée sont difficilement définissables et peuvent n'être pas connues — ce qui est vrai, mais cette difficulté sera sans doute très atténuée par la déclaration qu'a prévue la loi de 1901 et que toutes les œuvres ont intérêt à faire — pour cette raison et pour d'autres, le Sénat a écarté cette disposition. Il l'a fait, m'a-t-il semblé, dans un sentiment de sympathie pour les œuvres de la bienfaisance, mais s'il en est ainsi, il est à craindre que, d'après le fonction-

(1) Sur la demande du commissaire du gouvernement pour le ministère des Finances, on a écrit 480 francs au lieu de 500 francs pour faciliter la division par douzièmes. Mais la chose offre peu d'intérêt, la somme de 480 francs se composant de deux éléments, payés par des débiteurs différents. — H. M.

nement de l'article 20 qui est bien un peu compliqué et a peut-être été insuffisamment compris, le résultat obtenu soit bien différent de celui que l'on recherchait.

M. Magnin. — Vous avez perdu ; soyez donc beau joueur !

M. le commissaire du gouvernement. — C'est en faveur de la bienfaisance privée que je parle en ce moment.

M. Magnin. — Je ne m'en doutais pas.

M. le commissaire du gouvernement. — Comment, en effet, avec la suppression votée par le Sénat, les choses se passeront-elles ? Je me place toujours dans une de ces petites communes où le taux de l'allocation mensuelle est le taux minimum, 96 francs par an. Un vieillard y reçoit d'une œuvre charitable une somme de 100 francs par an. On ne le saura pas, objecte-t-on. Je réponds que, dans la grande majorité des cas, on le saura. Dans ces petites communes, tout se sait. Si on ne le sait pas, il est évident qu'on n'en tiendra aucun compte. Mais je suppose le fait certain, connu de tout le monde, et le cas n'est pas rare. Suivant le texte voté par la Chambre, le bureau d'assistance et le conseil municipal, qui doivent n'accorder la pension légale que déduction faite des ressources de l'assisté, n'auraient eu le droit de tenir compte de ce secours annuel de 100 francs que jusqu'à concurrence de moitié, soit 50 francs. Le vieillard eût donc reçu de la commune une pension annuelle de (96 — 50) 46 francs ; l'intervention de la charité privée aurait eu un résultat pratique fort appréciable puisque, là où le simple assisté ne disposait que de 96 francs par an, le vieillard secouru par la charité privée eût disposé de 146 francs. Avec le texte voté en première délibération par le Sénat, le bureau d'assistance et le conseil municipal n'auront le droit d'accorder aucune somme quelconque au vieillard, puisqu'il a des ressources connues, supérieures au taux fixé pour la commune.

M. Milliès-Lacroix. — Ce n'est pas une ressource !

M. le commissaire du gouvernement. — Pardon, c'est une ressource ; et puisqu'elle est connue, le bureau d'assistance n'aura pas le droit de n'en pas tenir compte.

La conséquence sera très vraisemblablement que l'œuvre charitable, reconnaissant que sa libéralité ne produit d'autre effet que de décharger les caisses publiques, qu'elle n'améliore pas la situation de son client, supprimera cette libéralité. Et tout le monde y perdra. L'œuvre elle-même, car c'est une perte pour une œuvre de charité d'être empêchée de faire du bien ; le vieillard, qui n'aura plus que 96 francs au lieu de 146 ; la commune, le département et l'Etat qui, au lieu de 46 francs, en payeront 96.

Peut-être proposera-t-on de ne pas considérer comme ressources, dans le sens de l'article 20, les dons de la charité privée, et cela sans limitation. Ce serait, dans la crainte de ne pas faire assez, tomber dans l'autre péril et risquer de faire trop, car l'on admettrait difficilement que, dans une commune où le coût minimum d'existence a été fixé à 100 francs, il fallût imposer les contribuables pour pensionner un citoyen qui recevrait plusieurs centaines de francs de la bienfaisance privée.

C'est pourquoi il avait paru à la Chambre des députés que l'on sauvegarderait dans une mesure raisonnable tous les intérêts en présence si l'on accordait à la bienfaisance le même encouragement que l'on accorde à la prévoyance, en ne faisant entrer en compte que jusqu'à concurrence de moitié les ressources qui proviendraient d'elle, l'autre moitié servant à améliorer la situation de l'assisté.

M. Dominique Delahaye. — Monsieur le commissaire du gouvernement, voulez-vous, avec l'assentiment de M. le président, me permettre de dire un mot ?

M. le commissaire du gouvernement. — Très volontiers.

M. Dominique Delahaye. — Sur cette question, je crois avoir trouvé une solution de la difficulté, et, lorsque nous en serons à l'article 20, j'aurai l'honneur de la proposer au Sénat. Je mettrai d'accord la commission et M. Magnin qui nous a dit des choses exactes de tout point. Mais il y a un double ordre de faits, et si l'on s'est égaré, c'est parce que tantôt on n'a envisagé que la charité provisoire, et tantôt le secours fixe et permanent.

M. Magnin. — La commission propose d'accepter le texte du Sénat, que M. le commissaire du gouvernement combat.

M. le président. — Nous n'en sommes pas encore là !

M. Magnin. — M. le commissaire du gouvernement discute ;
on peut faire une observation.

M. le président. — Nous ne pouvons pas limiter les droits
des orateurs ; mais nous n'en sommes pas encore à cet article.

M. le commissaire du gouvernement. — Que je me trompe ou
non, je voudrais bien que le Sénat comprît que c'est dans l'intérêt de la bienfaisance privée que je parle.

M. Dominique Delahaye. — Parfaitement.

M. le commissaire du gouvernement. — C'est dans son intérêt
que j'ai proposé l'introduction de cette disposition dans la loi.

M. Dominique Delahaye. — Vous avez raison et M. Magnin
aussi.

M. le rapporteur. — La commission s'est mise d'accord avec
le gouvernement pour demander au Sénat, en ce qui concerne
les œuvres de la bienfaisance privée, de reproduire, à peu près
dans la même forme, la disposition qui avait été votée par la
Chambre des députés.

M. Magnin. — Mais votre texte actuel reproduit ce qui avait
été voté par le Sénat.

M. le rapporteur. — Parfaitement.

M. Magnin. — Vous avez donné raison au vote du Sénat. Pour
ma part, je me trouve satisfait, mais il n'en est pas de même de
M. le commissaire du gouvernement.

M. le rapporteur. — La commission, dans la séance qu'elle a
tenue aujourd'hui, a pris parti. Elle avait purement et simplement, dans le texte qui a été distribué, homologué et sanctionné
la décision prise en première délibération par le Sénat, sans se
dissimuler qu'il restait une incertitude à dissiper ; aujourd'hui,
après avoir entendu M. le commissaire du gouvernement, elle a
décidé de proposer au Sénat, lorsque l'article 20 viendra en
discussion, une nouvelle rédaction conforme au système adopté
par la Chambre des députés.

M. Bérenger. — Elle a bien fait.

M. Magnin. — Je ne puis raisonner que sur le texte que j'ai
sous les yeux ; je ne sais pas ce que la commission a décidé sur
l'intervention de M. le commissaire du gouvernement.

M. le rapporteur. — Nous sommes d'accord sur les faits.

M. LE PRÉSIDENT. — Il a été déposé entre mes mains par M. le rapporteur un texte nouveau dont je n'ai pas à donner lecture en ce moment-ci, qui sera imprimé et distribué et sur lequel le Sénat aura à statuer.

M. MAGNIN. — Je tiens à constater que j'avais raison en disant que la commission avait accepté les votes du Sénat, puisque cela était imprimé dans son rapport supplémentaire.

Si la commission a, ce matin, changé d'avis, je n'en savais rien, et je trouvais un peu étrange que M. le commissaire du gouvernement discutât sur le texte primitivement adopté, parce que j'ignorais qu'il avait obtenu que la commission revînt sur son vote.

M. LE RAPPORTEUR. — Si je n'avais pas été éloigné du banc de la commission pour communiquer ces deux amendements au service des procès-verbaux, j'aurais demandé la parole, devançant M. le commissaire du gouvernement, et j'aurais fourni toutes ces explications préliminaires au Sénat.

M. CHARLES RIOU. — Ce sera le troisième texte rectifié (1)!

M. LE COMMISSAIRE DU GOUVERNEMENT, — Puisque je viens de parler des œuvres de la bienfaisance privée, qu'il me soit permis de dire combien l'on a tort lorsque, soit d'un côté, soit de l'autre, on prétend dresser la bienfaisance privée et l'assistance comme deux antagonistes. Cette conception provient, me semble-t-il, d'une confusion d'idées. A quoi bon, nous dit-on, substituer au vieux mot, au beau mot de *charité* l'appellation nouvelle de *solidarité?* Il faut deux mots parce qu'il y a deux choses. La charité est une vertu, la plus noble des vertus ; elle enflamme les âmes ; elle suscite les plus admirables dévouements ; son nom même implique le sacrifice personnel : elle est l'inspiratrice de la bienfaisance : elle en reste le guide permanent et le conseiller de tous les jours. Mais les pouvoirs publics n'ont pas à être charitables. Ce serait trop commode de faire la charité aux frais des contribuables. L'assistance est un service public, c'est-à-dire une organisation faite à frais communs pour servir un intérêt

____

(1) Le Sénat et la Chambre ont adopté un texte aux termes duquel les ressources *fixes* provenant de la charité privée, et celles-là seulement, sont déduites jusqu'à concurrence de moitié. — H. M.

général. Cet intérêt est la réalisation d'une idée de justice qui a une base scientifique et qui est exprimée par le mot de *solidarité*.

On a dit, à cette tribune, que l'assistance a le cœur dur, que cela est si généralement admis que la phrase est devenue de style : l'assistance publique au cœur dur... L'assistance publique, c'est-à-dire, je pense, l'ensemble de nos bureaux de bienfaisance et de nos hôpitaux. Car si l'on prétendait restreindre cette appellation à l'assistance publique de Paris, je répondrais par un fait : la moyenne par habitant des dépenses d'assistance payées par les contribuables est de 2 fr. 17 pour la France, moins Paris, et, pour Paris, elle est de 16 fr. 62.

Mais je prends le terme dans sa généralité : l'assistance publique au cœur dur... Qu'entend-on par là ?

Veut-on dire que les représentants de l'assistance, dans leurs rapports avec les pauvres, manquent aux devoirs de courtoisie, de bonne grâce qui s'imposent aux fonctionnaires à l'égard de tous les administrés ? Si une telle accusation était fondée, ce serait un grand tort de la part de ceux qui la mériteraient, car si, parmi les administrés, il en est qui doivent être l'objet de plus d'égards que d'autres, ce sont ceux qui sont les plus malheureux. (*Très bien !*)

Je ne crois pas d'ailleurs que l'accusation, ainsi généralisée, soit vraie, et l'administration supérieure ne doit négliger aucun effort pour qu'elle ne le devienne jamais, pour que jamais ses agents, par leur attitude, par leurs manières, par leur ton, ne se donnent l'apparence de fonctionnaires qu'a endurcis leur contact journalier avec la misère.

Mais, à moins que je me trompe beaucoup, ce n'est pas cela qu'on veut dire quand on dit que l'assistance publique a le cœur dur. Qu'on s'en rende compte ou non, on veut dire que l'on ne trouve pas dans l'assistance publique cette compassion, cette sensibilité, cette tendresse, qui donnent un si grand charme à la bienfaisance privée. Ainsi présentée, la critique devient presque un éloge, ou du moins n'est plus que la constatation d'un fait qui n'a rien de blâmable. Il est très vrai que dans la distribution des secours l'assistance publique se gouverne d'après les règles, et non d'après des émotions individuelles. Et c'est ainsi que les choses doivent être. C'est fort bien d'être ému lorsque cette émotion conduit à des sacrifices personnels. Mais lorsqu'on dispose de l'argent d'autrui, particulièrement lorsqu'un fonctionnaire dispose de fonds publics, dont le prélèvement et l'emploi ont été ordonnés par la loi, il importe au plus haut degré que cet emploi soit déterminé par des règles générales, rigides, et ne soit pas à la merci de sentiments individuels qui pourraient ne rien devoir à l'idée de justice. (*Marques d'approbation à gauche.*)

C'est en ce sens que nous sommes obligés de consentir à ce que l'on dise que l'assistance publique a le cœur dur. Le Sénat me pardonnera d'avoir profité de l'occasion pour marquer la distinction profonde qui existe entre la bienfaisance, vertu individuelle, inspirée par la charité, et l'assistance, service public, chargé de réaliser une des conséquences de la solidarité nationale. (*Très bien! très bien! à gauche.*)

C'est cette entreprise de solidarité dont le premier Congrès international d'assistance a tracé les grandes lignes en 1889 ; c'est elle que le Conseil supérieur de l'assistance étudie suivant un plan méthodique, d'après des règles qu'il s'est imposées, et dont la pratique révèle chaque jour l'excellence ; c'est cette entreprise que le Parlement réalise par des lois successives, dont la plus importante peut-être est celle que le Sénat discute en ce moment.

M. Paul Strauss a fort bien montré à cette tribune que si la Révolution française, après avoir proclamé des principes vrais, a échoué dans les réalisations pratiques, c'est que, d'une part, elle avait enlevé à l'assistance la garantie essentielle de son caractère communal, que, d'autre part, elle avait voulu englober d'un coup dans ses projets toutes les misères humaines.

M. Dominique Delahaye. — Et dilapider aussi les propriétés des hospices et des hôpitaux. Il y avait là 123 millions de revenus qu'on a mis à l'encan. (*Mouvements divers.*)

M. Aucoin. — Vous traiterez cette question-là plus tard.

M. le commissaire du gouvernement. — La troisième république, avertie, a évité ces deux erreurs.

Elle a évité la première en acceptant et en pratiquant jus-

qu'ici les principes ainsi formulés par le Conseil supérieur :
« L'assistance publique est d'essence communale. — C'est
par la commune que doivent être désignés les bénéficiaires de
l'assistance, parce que seule elle est en situation de les connaître.
— L'organisation de l'assistance doit toujours être telle que la
commune soit financièrement intéressée à la limitation du
nombre des indigents. »

M. le président du conseil, alors ministre des Finances, a, le
16 juin 1904, affirmé la valeur de cette règle devant la Chambre
des députés en ces termes : « Depuis la Révolution française,
toutes les lois d'assistance ont eu pour base nécessaire cette vé-
rité que l'État étant impuissant à constater par lui-même l'indi-
gence ou le droit à l'assistance, et les collectivités étant seules
compétentes pour faire ces constatations, elles doivent sup-
porter des cotisations qui peuvent être minimes, mais qui sont
nécessaires pour les garantir contre leurs propres entraîne-
ments. »

Je suis assez disposé à croire que l'on a passé la mesure en
appliquant cette règle aux barèmes de la loi de 1893, que l'on a
tiré des conclusions exagérées du caractère communal de l'assistance et que la participation des communes dans la dépense est
actuellement excessive. Peut-être le projet actuel va-t-il trop loin
en sens inverse. Peut-être, en faisant passer de 17 à 57 p. 100 la
part de l'État dans les dépenses, en abaissant jusqu'à 10 p. 100
la part de la commune qui arrête la liste des indigents, de telle
sorte que, dans la majorité des communes, le conseil municipal,
en votant une somme de 9 fr. 60, obligera le département et l'État
à attribuer à la commune une subvention de 86 fr. 40, peut-être
l'intérêt de la commune à limiter le nombre des indigents n'est-il
pas suffisant ; peut-être ce frein initial, si important, puisque de
lui dépend tout le développement de l'œuvre, est-il à ce point
relâché qu'il devient inefficace.

M. Antonin Dubost. — C'est parfaitement exact.

M. le commissaire du gouvernement. — J'avoue que je ne suis
pas sans inquiétude sur ce point. Je crains un peu que l'on ne
retombe en partie dans l'erreur qui, en 1791, fut fatale aux ré-
formes projetées.

Quant à la seconde erreur, la troisième république l'a complètement évitée. Il y a seize ans que les catégories d'indigents en faveur desquels l'assistance doit être rendue obligatoire ont été limitées par la formule que je rappelle au Sénat :

« L'assistance est due à ceux qui se trouvent, temporairement ou définitivement, dans l'impossibilité physique de pourvoir aux nécessités de la vie. »

Temporairement..., ce sont les enfants et les malades.

Définitivement..., ce sont les vieillards et les incurables.

Le Parlement a organisé les secours médicaux et pharmaceutiques à tous les malades pauvres par la loi du 15 juillet 1893.

L'année dernière a été promulguée la grande loi organique en faveur des enfants assistés dont MM. Théophile Roussel et Paul Strauss ont été devant le Sénat les éminents rapporteurs.

Et voici venir la suite et comme le couronnement de l'œuvre : les secours aux vieillards et aux incurables. Cette loi votée, la République aura tenu sa promesse ; elle aura fait, en faveur des misérables, l'effort qui est dans la logique de son institution ; car, vraiment, que serait la république, si elle n'aboutissait pas à l'amélioration du sort de tous, — si, pour commencer, elle n'assurait pas à tous ses citoyens un droit dont dépendent tous les autres, le droit à la vie? (*Vifs applaudissements sur un grand nombre de bancs.*)

ÉMILE COLIN ET Cⁱᵉ — IMPRIMERIE DE LAGNY

LA
REVUE PHILANTHROPIQUE

PARAISSANT LE 10 DE CHAQUE MOIS

PAUL STRAUSS, Directeur

REVUE D'ASSISTANCE

BULLETIN DE LA SOCIÉTÉ INTERNATIONALE
POUR L'ÉTUDE DES QUESTIONS D'ASSISTANCE

COMITÉ DE PATRONAGE

Le titre de la *Revue Philanthropique* est à lui seul un programme. Vulgariser en des études substantielles et attrayantes tous les aspects du problème si complexe de l'amélioration sociale, propager les meilleures méthodes de la bienfaisance officielle ou libre, tant à Paris que dans les départements et à l'étranger; réunir dans un effort commun, en dehors de toute préoccupation politique et religieuse, toutes les bonnes volontés et toutes les compétences, tel est le but que se sont proposé les fondateurs de cette Revue.

Il a paru que non seulement les administrations publiques devaient être stimulées dans l'accomplissement de leur mission, mais qu'encore l'initiative privée avait besoin, pour se développer et pour porter tous ses fruits, d'un centre de rendez-vous et d'un foyer de renseignements. C'est dans cet ordre d'idées que nous avons l'ambition d'être un guide et une tribune, — l'expérience des uns venant diriger et féconder le dévouement des autres.

CONDITIONS DE LA PUBLICATION

La **Revue Philanthropique** *paraît par numéros de chacun 160 pages, le 10 de chaque mois.*

Elle forme chaque année 2 volumes.

Prix de l'Abonnement annuel :

PARIS ET DÉPARTEMENTS : 20 FR. — ÉTRANGER : 22 FR.

Chaque numéro est vendu séparément 2 francs.

On s'abonne à la Librairie MASSON & Cⁱᵉ, 120, boulevard Saint-Germain, Paris